ONNEKSI OSAAN VIELÄ OPPIA PERHOSELTA

Gabriel Sydänvirta

ONNEKSI OSAAN VIELÄ OPPIA PERHOSELTA

runoja

InContact Books

Copyright © 2014 Gabriel Sydänvirta

Valmistus: Books on Demand GmbH,
Norderstedt, Saksa, 2014
Kansi ja taitto kirjailijan.

ISBN 978-952-6818-20-7

InContact Books
www.incontact.es/fi/books/
Yhteys: gabriel@incontact.es
045-135 4474

Rakkaudelle Sinussa,

-Gabriel

YÖT OVAT TÄYNNÄ PYHÄÄ VOIMAA 9

ELÄMÄN KUTSUVIERAANA 16

RAKKAUDEN LOIMUISSA 27

ON KUIN SYNTYISIN UUDELLEEN 35

JOKAINEN YÖ MINÄ LÄHDEN 50

KUPERKEIKKOJA LINNUNRADALLA 62

PALAVAN PUUN JUURELLA 70

OLEN TUNTENUT SINUT TUHANSIA VUOSIA 81

SAVANNI HENGITTÄÄ 97

HILJAISUUS VAIKENEE YMPÄRILLÄNI 118

MAAILMASTA TOISEEN MATKAAVAN OMAISILLE 134

YÖT OVAT TÄYNNÄ PYHÄÄ VOIMAA

Kuuntelen jokea

maahan putoilevia lehtiä

kuuntelen kaiken kaikua sydämessäni

siellä se soi

hiljaa ja kauniisti

jättäen jäljen

joka ei katoa koskaan

Niin yksinkertaista on elon hehku
saada istua rantakivellä ilman
että kukaan häiritsee
　　tai häiriintyy

enkeleiden ja vesikäärmeiden olemassaolo
ja pyhät
　　savusaunapäivät

Rannalla nostelen kiviä käteeni
noita aaltojen lakkaamattoman syleilyn
kiihkeästi hiomia pyöreitä muotoja

jokainen kivi
niin täynnä mielihyvää
kivenä olemisen iloa
että sydäntä riipaisee

Kuljen uudessa maailmassa

    paljon avautuu

    paljon kuolee

askeleissani kukkivat tähdet

Aamuyöllä

saunan lämmin iho

ja järvenrantakuusien

tummat siluetit

Täysikuu

ystävä kylässä

lammen rannalla
ulvomme kuuta

Illan hämyssä

kuuntelen uutta tuulta

se kertoo salaisuuksista

jotka ovat minulle

vielä vieraita

ELÄMÄN KUTSUVIERAANA

Miten tämä kaikki
onkin opeteltava aina uudestaan

ensimmäinen kukka
lumen alta sulaneen sammaleen pehmeys
jäiden lähdön sinfonia

maan vapautuessa roudasta
vapaudun minäkin

onneksi osaan vielä oppia perhoselta

Tekisi mieleni juosta

kaupunkien kujia

tarttua ihmisiä takin liepeistä

ravistella ja huutaa:

ettekö te näe tätä hurmosta

              ekstaasia

              rakkautta

              elon vimmaa

siinä se on

läsnä koko ajan

avatkaa vain silmänne

elämä sykkii edessänne

Oi sydämeni

pirstaloidu tuhat kertaa

jotta minä oppisin

    mitä on kipu

oi rakkaani

kulje kauas luotani maan ääriin

jotta minä oppisin

    mitä on kaipaus

oi sairaat ja avuntarvitsijat

tulkaa luokseni ja pyytäkää apua

jotta minä oppisin

    mitä on palvella

oi maailman kärsimys ja epätoivo

läpäise minut miekallasi

yhä uudelleen ja uudelleen

kunnes

    minä löydän itseni sinusta

oi jumalallinen rakkaus

tee minusta ritarisi

palvelijasi

lähettilääsi

kunnes olemme kaikki löytäneet sinut

    ja sulautuneet yhdeksi

Jumala

tässä minä olen

ja niin olet sinäkin

saman tulen äärellä

silmät salamoiden

sydän paloa täysi

pää pilvissä

ja juuret syvällä äitimaan ytimessä

niin syvällä

että tunnen sammalpeitteiset sydämenlyöntisi

ytimesi sulan hehkun

ja virtaavan hekuman

elämän kohdatessa elämän

pyhässä tanssissa

Uusi kukka nousee mullasta ja kukkii

koska se on kukan tehtävä

aurinkoa syleillen se levittää terälehtensä

kohti uutta aamua

ja rakkaus

joka sädehtii sen ja maailman välillä

on ääretön ja syvä

kukka tietää

että se on rakkaus

minä tiedän

      että olen tuo kukka

Tänä aamuna tuhat neljäsataa lumihiutaletta

odotti minua tuvan portailla

kuiskaillen hiljaa

katso - on kaunista

ja sillä hetkellä esirippu silmieni edestä romahti

kaikkien keinotekoisten ilojen

materiaalisten korvikkeiden

ja tyhjien lauseiden taakka

jatkuva kiire kiireettömyyden ohitse

ja silloin minä näin

kuinka kaunis on lumihiutale

keveydestä suunniltaan

tanssimme halki pihan

minä ja tuhat neljäsataa lumihiutaletta
itsestämme vapautuneet

Lapsi kysyy miksei sulla ole kenkiä

tyttö katselee

    varpaitani

        ja muurahaista

            joka kiipeää jalkapöydälleni

varo

    muurahainen syö sinua

nauran

    muurahaiset taitavat olla mun kavereita

    se on vain ohikulkumatkalla

tyttö katsoo silmiin

    ja sanoo

        mä kanssa haluan olla

        muurahaisten kaveri

Miksi sinä tapoit muurahaisen

kysyi pieni tyttö äidiltään

ulkona on liian kylmä sille

hän vastasi

se olisi voinut elää mun huoneessa

sanoi lapsi

no minä tapoin sen nyt kuitenkin

sanoi hän

ja kaatoi itselleen kupin teetä

eikä kukaan nähnyt kyyneltä

lapsen poskella

Ventovieras maailman toiselta laidalta

miten epäoikeudenmukainen onkaan kielemme

tässähän on uusi veljeni

yksi avaruusalusmaan matkatovereista

RAKKAUDEN LOIMUISSA

Rakkaus

en minä vieläkään ymmärrä sinua

kaikkien näiden vuosien jälkeenkään

samanaikaisesti ihanampaa kuin koskaan

tanssin laajentuen lintujen lauluun

ja samalla tämä vihlova kipu

sydämen kaipuu

        joka viiltää minua

uppoan syvyyksiin

        jossa valo on hentoa

Sydämeni

yhtä laaja kuin tämä erämaa

jonka laitoja en tunne

se on äärettömyys

        ilman äärtä

se on tila

        ilman rajoja

ääni

        joka jatkuu iäti

valo

        joka heijastaa itse itseään

sen voimavarat ja kauneus ovat loputtomat

se sykkii elinvoimaa ja tietää sen itsekin

se on itsenäinen mutta rakastaa kaikkia

se on

        vailla rooleja ja kahlitsemista

        villinä

        kahlitsemattomana

        ja vapaana

sellainen olet

        pyhä maa

sellainen olet

        sydämeni

Talvi-yö

pimeys kaartuu ympärillemme
tiukaksi vaipaksi

minä sytytän lisää kynttilöitä
vaikka tiedän
ettei mikään valo ole voimakkaampi
kuin sydämeni roihu tänä iltana

Liftaamassa

kaunis nuori hymy kesähameessa

ei ottanut kyytiin

mutta ohimenevä katse

avasi soluni

kuinka kaunista on olla mies

vapauden kulkuri

maailmankaikkeuden rakastaja

Olen ihan liki sinua

mutta välissämme on iäisyys

ja toisena hetkenä

mannerlaattojen laidalta

tunnen pehmeän kosketuksen

ja tiedän

etten ole yksin

Siinä kiihkeydessä

kun me suutelemme lukittujen ovien takana

katoaa kauna

pelko ja ahdistus

jos ihmiset vain rakastelisivat riitelemisen sijaan

loppuisi maailmasta sota

Ensimmäinen ajatus aamulla
minä elän!

mikä huuma ja autuus
intohimo ja ilo
       siihen sisältyykin

tämän hetken haluan säilyttää
muistaa silloinkin
       kun luomet tuntuvat raskailta
ja askeleissa
       kaikuu
       eletyn elämän taakka

ON KUIN SYNTYISIN UUDELLEEN

Rannalla
rantakäärmeen nahka

ja minun
kuoriutunut sydämeni

Kaiken räjähtäessä pirstaleiksi

otan kiinni sydämestäni

ja nostan sen alttarille

mille muulle minä itseni uhraisin

kuin rakkaudelle

Ison savupiipun alla

keuhkot tyhjänä sinua

sinisessä valossa näen kasvot

eivät ole sinun

eivätkä halustani muutu

ja mitä minä haluan?

Sydämeni ehjäksi

      ja maailmankaikkeuden biitin

      ja hiukan rantahiekkaa

      ja oman omenapuun

ei väliä

missä se on

minä en ole kuitenkaan siellä vielä

Annan anteeksi

voimatta vastustaa

ei se ole oikein

mutta minäkö rupeaisin laiksi

laita kätesi pääni päälle

ja vanno vala sormet ristissä

enkelinkin siivet palavat

mieluummin yksi tuli

kuin valitus pimeydestä

light my fire

kärjet tarvitsevat hiomista

ota lasit ja suojaimet

anna mennä

älä välitä

rakastellaanko hiiloksessa?

Hyvä on

mene pois

katoa elämästäni

mukanasi tuhoutuu

paljon kaunista

osa minusta häviää

jalkojesi askeliin

jotka etääntyvät

ja vaimenevat

kuolisin

jos osaisin

mutten ole kylliksi

vielä elänyt

Katsot syvälle silmiini

ja sanot

      ei ole mitään hätää

Sydämeni pieni

kietoutuneena itsensä ympärille

on vetänyt yllensä surun viitan

ja huutaa

    sinua

        sinulle

           ja sinusta

kuinka paljas voikaan suru olla

rakkauteni on valunut tavoittamattomiin

unelmieni siivet ovat palaneet tuhkaksi

pyörästäni katkesivat ketjut

sänkyni pohja romahti

reppuni ja itsetuntoni repesivät

ja sisälläni velloo

pohjaton epätoivo

mutta ystäväni

kun katsot minuun lempeillä silmilläsi

ja toistat

       ei ole mitään hätää

tiedän

että olet totuus

Eivät nämä vuodet ole olleet turhia

jokaiselle hetkelle olen antanut itsestäni parhaani

kaiken

    mihin olen silloin pystynyt

jokaisen hetken olen elänyt täysillä

jokaisen kivun olen antanut koskettaa

syvintä olemustani

tietäen olevani

    askel askeleelta lähempänä itseäni

ja joka kerta

kun sydämeni on revennyt kahtia

pirstoutunut pisaroiksi

olen tiennyt oppivani

    rakastamaan enemmän

kuinka voisin rakastaa

jos sydämeni

olisi panssaroitu

Opettelen puhumaan tyhjille huoneille

    joissa sinä et ole enää vastaamassa

opettelen melomaan kanootilla

    kun toisella paikoista istuu tyhjyys

opettelen tekemään hedelmäsalaatin yhdelle

    ja olemaan koko ajan ajattelemata

    mitähän sinä tästä pitäisit?

opettelen kysymään itseltäni

    mitä minä haluan

    mikä tuo minulle iloa tänään

    mitkä unelmat toteutan seuraavaksi

opettelen

etten itkisi aina

    kun joutsenpari laskeutuu

    järven rantaan

    kun kuulen jossain nimesi

    tai kun tyhjennän ulkohuussin

opettelen

ettei tämä ole loppu

    vaan alku

ei kuolema

    vaan mahdollisuus

ei tuska

    vaan valo

on

kuin syntyisin uudelleen

Otan sinut syliini vasta

kun voin hyvästellä

ilman kyyneltä

ja sanoa:

rakas - olet vapaa menemään

Emme me eronneet mitään menetä

meillehän jää

suhteesta vapautunut rakkaus

sitä ei kukaan ota meiltä pois

vaikka tyynyjemme välissä

olisikin

satojen kilometrien mittainen rako

Auringonkukkapelto

Halatessani sinua eteisessä
tiedän sen olevan
viimeisen kerran

annan käteni viipyä ihollasi
kuin maistellen
vielä menneisyyttä

astellessani pihapolkua pitkin
kohti uutta elämää

askeleissani kaikuu
jaetun elämän ilot ja surut

kyynel silmäkulmassani
valuu maahan
siihen kasvaa
auringonkukkapelto

niin jykevä on rakkaus

JOKAINEN YÖ MINÄ LÄHDEN

Luokseni saapui muisto sinusta

teki minut surulliseksi

sanoin

        mene pois

haluan muistaa sinut ilolla

Näen sinut pitkästä aikaa

ystäväporukan keskellä

on kuin halaisi jääpuikkoa

Suru tulee aallon lailla

kun sitä vähiten osaa odottaa

se repii

raastaa

vaikeroi

jättää jälkeensä nääntynen miehen

niin paljon

mistä päästää irti

niin paljon

mistä luopua

välillä epäilen pystynkö minä siihen

olenko kyllin vahva

kestänkö

ja tarviiko minun edes kestää

voisinko vain

hajota

antautua

antaa olla

Sinä kuljet mukanani aina

muistoni sinusta eivät pesemällä lähde

eivät kulumalla katoa

enkä niitä menettää haluaisikaan

eihän minulla enää ole

kuin muistoni

Osa minusta
on jo kulkenut kivun läpi

osa minusta pitää vielä kiinni
muistoista
kosketuksesta iholla
eletystä elämästä

ei suostu ymmärtämään
ettei sitä enää ole

tumma elokuun yö
etsin sinua viereltäni
vaikka tiedän
että olet etäänpänä
kuin yksikään taivaankappale

ja vaikka näkisinkin

sinut nyt

en tuntisi sinua enää

elämä vei meidät erilleen

tuska pakenee näihin kirjaimiin

sana sanalta jätän sen taakseni

ja sydämeni

kasvattaa etäisyyttä sinuun

Oli aika

kun ikävöin pois luotasi

nyt ikävöin aikaa

jota ei enää ole

Jokainen yö minä lähden

luotasi uudelleen

eronneet kyllä

mutteivät

unohtaneet

Ota sinä verhot

minä otan kattilan

rakkauden roviolla

kaikki on jaossa

Mihin minä tavaroita tarvitsisin

sinua minä rakastin

en omaisuuttasi

Haluaisinko sanoa sinulle

rakastan sinua

vain saadakseni itse

kuulla saman

KUPERKEIKKOJA LINNUNRADALLA

Pisaroina I

Luoja

miksi ihminen itkee

poskillani valuu Niagara

pieninä pisaroina

sydämeni ihollasi pehmeällä

mutta luoja

miksi ihminen itkee

tuskaa parahtaa

aivan hajalle

avasit minut

kanteni poistit

jäin auki

ja katosin

maailman viidakkoon

minusta tuli kaikkeuden Tarzan

sydämeni suojasin lihaksilla

miehet eivät itke

Rakastumisia I

Kohtasin tytön

jolla oli panssari

siinä oli sydämen mentävä kolo

riisuin saappaani

ja harppasin sisään

ajoimme maailmanlopun ravintolaan

ja sinkouduimme

jälkiruokavanukkaan makuisina kiitoradalle

siellä oli ruuhkaa

saimme jonotusnumerot:

tytöllä 1

minulla 999

horjahdin odotushuoneessa

ja luisuin väärään universumiin

onneksi muistin ottaa

sydämeni mukaan

Pisaroina II

Olen jätekauppias

matkalla Pisaan

tulethan mukaani

kuumaa oivaa voimaa

siunaa roinaa viunaa

otan sinut syliini

maailma on meidän

povitaskuuni uppoat

siitä on lyhyt matka sydämeen

jäätkö asumaan signorina

vai tatuoitko vain huulesi

minuun muistoksi

roinakauppias Pisassa

pisaroina

Maailman luominen

Minusta tulee jumala

parannan maailman ja asun pilvessä

tornitalosta huudetaan minulle

huudan takaisin

metsä kiirii

kaartuvi puut

hepokatit luikkivat piiloon

ääniaallot kohoavat vaahtopäiksi

ja muodostavat valituskuoron

jolla ei ole johtajaa

kenellä on piuhat

kenellä pyykkipojat

kenellä taito rakastaa

Rakastumisia II

Olen helmenkalastaja

tule tanssimaan kanssani laineen harjalla

timanttimeressä kahlaamme elämän syvyyksiin

olemme vapaita

olemme virrassa

nostan ankkurin ja tuuli tarttuu purjeisiin

kiidämme ulapan yli

horisontin vetoketjun aukosta sisään

uuten mielentilaan

taivaanrannan maalari peittää sydämemme

punaisin vedoin

(eikä meillä ole peräsintä)

PALAVAN PUUN JUURELLA

Kaksi rakkauden palvelijaa

kaukaisista maista

kohtaavat palavan puun juurella

ja taivaalla

ei ole rajaa

Me tulemme eri kulttuureista

eri maissa me synnyimme

eri uskontoon me uskoimme

mutta kehomme

puhuvat

samaa kieltä

Juuri kun päätin

Olen yksin

en tarvitse ketää elämääni

astuit sinä sydämeni ovesta

      perustit puutarhan

      järjestit ilotulituksen

      ja järisytit perustani

      pohjamutia myöten

minä katselin tapahtuvaa ja sanoin:

Tervetuloa!

Sinun vartalosi kietoutuneena omani ympärille

ja minä ymmärrän

miksi meille annettiin kehot

Sinä sytytät kylpyhuoneen täyteen kynttilöitä

hymyilet hymyäsi

joka ei ole tästä maailmasta

Veden vaahdoissa iho löytää ihon

hunajamelonin viipaleet

sulavat kielen päälle

Koko yön sinä syleilit minua

vasta aamun kajossa maltoin nukahtaa

rintojesi pehmeyteen

Naapurin setä soittaa haitaria

pienessä sievässä

aamukuudelta

me heitämme pois vaatteemme

ja rajamme

tanssimme niityllä

usvan ja hämähäkinseittien keskellä

nouseva aurinko saa kaiken väreilemään kultaa

ja meidän tekisi mieli herättää

kaikki ihmiset

iloitsemaan kanssamme

Eihän tässä ole mitään järkeä

        sanot

ja minä vastasin

        ei olekaan

        kun kaksi hullua hullaantuu toisistaan

        ei siinä järki perässä pysy

ja sitten

me jatkoimme suutelemista

On niin monta
järkiperäistä syytä
miksi olisi parempi olla
rakastamatta sinua

onneksi sydämelläni
on korvatulpat

Sinä kurkistat ovesta ulos puutarhaan

hymysi paljastaa etsineesi minua

enkä minä sinulta

piilossa olla haluakaan

vaikka itseltäni

välillä olenkin

Käteni vaeltaa pehmeällä ihollasi

huomaa jokaisen yksityiskohdan ja vivahteen

ei sen väliä vaikka ulkona myrskyää

tänä yönä seinät vaikenevat kuuntelemaan

rakkautemme ääniä

OLEN TUNTENUT SINUT

TUHANSIA VUOSIA

Herään sylissäsi rantalaiturin alta

toisella puolella meren kohina

toisella aamuisten vuorten rinteet

miksi minä hotelliin menisin

    maksaisin viidestä tähdestä

viime yönä

    taivas tarjosi meille tuhat

Rakastajan luota lähdettyäni

soin rakkauden kirkkaita säveliä

mietin

kuulevatkohan muut bussimatkustajat

saman sinfonian

Täydellisen suunnitelman me teimme

kuinka rakastaa rajoitta

kuinka suudella joka hetki Olevaa

kuinka säteillä elämän kauneutta

ja lopulta

kaikkensa antaneena

hukkua rakkauden valtamereen

Katsot minua niin syvälle

että sattuu

tunnen sinusta erossaolon

vuosituhansien riipaisevan kaipuun

sieluni jää taskuusi

tätä lähemmäksi en sinua

tässä elämässä pääse

Olen tuntenut sinut tuhansia vuosia

menettänyt sinut kymmeniä kertoja

pelännyt rakastaa

ja juossut pois

tällä kertaa pidän huolen

etten tuhlaa elämääni

katson silmiisi

ja näen siinä kaiken menneen syvyyden

kiedon sinut rakkauteen

ja kaikki muu

on turhaa

Sinä kosketit minun sydäntäni
vain pieni katse
ja jäin tärisemään jälkeesi

mitään en kaivannut
mutta harmaa oli muuttunut värilliseksi

Sinä olet sytyttänyt minussa uuden maailman

    tutkimattomat sademetsät

    ja laajat arot

hämmästelen itsekin

    tätä tilaa

    joka minussa on

kuka minä oikeastaan olen

    ja kuka sinä olet

ja tarvitseeko minun

    edes tietää?

Ollessani luonasi rakkaani

en malta nukkua

hetki on liian arvokas nukkumiseen

ollessani kaukana luotasi rakkaani

en pysty nukkumaan

kaipuu sydämessäni on liian voimakas

minä hullu

en nykyään koskaan nuku

Minä pyysin sinua

hieromaan kipeätä olkapäätä

enkä arvannut

että samalla koskettaisit sydäntäni

kuka nyt hieroisi sydämeni ehjäksi?

Aurinkoinen aamu

elämä väreilee lammen pinnalla

katsotko sinäkin valon leikkiä?

hymyilyttää

tiedän

että tiedät

Rannassa pyykkisaavi höyryää

minun sydämeni

    kuumempana sinusta

Miten paljon olenkaan jo elänyt!

jos kuolen huomenna

kuolen tietoisena siitä

etten ole nukkunut

elämäni ohi

Sinun katseesi jäi kulkemaan mukanani

minne kuljenkin

en ole yksin

Välissämme satoja peninkulmia

sydämemme liki toisiamme

kuinka kaunis

onkaan halauksen odotus

Aina ajatellessani sinua

lentää pieni perhonen luokseni

sillä on siivissään

sinun villapaitasi väri

Aamun lempeässä kajossa

usva ottaa sinun kasvosi

maailma hyväilee

minua sinulla

SAVANNI HENGITTÄÄ

Hyvästellessään läheisensä

tuntee rakkauden ritari piston sydämessään

mutta hän tietää

että kun maailma kutsuu

on kutsuun vastattava

Ja niin hän pakkaa vähät tavaransa

nostaa repun selkäänsä

astuu polulle

ja maailma

alkaa kukkia hänelle joka kolostaan

Kokonainen maailma yhdessä junassa

    samovaarin pulputus

    eväspapereiden rapina

    kiskojen kolke

    rakastuneiden hellät katseet

    sammaltavat papat shakkilautansa ääressä

pienen pojan iltasatu

    vaihtuu äärettömiin viljapeltoihin

eikä ole mitään luonnollisempaa

    kuin matkallaolo

  (Venäjä)

Miten olin unohtanutkin
uusien kulttuurien janon
vieraan kielen jännittävyyden
outojen hedelmien kiehtovan maun
tuntemattomien ihmisten lempeyden
(Venäjä)

Matkavakuutus

kuin sanoisi suoraan

etten luota sinuun

Elämä

Laiva vie minua kohti tuntematonta
yli suuren ulapan
en tiedä
mikä minua siellä odottaa

mutta varmasti se on jotain
äärimmäisen
        hillittömän
                Ihanaa
(Itämeri)

Aina on ollut meren kimallus
    ja vuoret ylväät
rantahiekka
    ja poutapilvien leikki
mutta tänä iltana
    kuin huomaisin ne
    ensi kertaa
(Espanja)

Herään aamuun

    kastanjapuun lehvästö soi hopeaa

    hunajapalmut täyttä kultaa

tällaisena hetkenä

    vaikka kuinka etsisin

ei sisältäni löydy paikkaa

    joka ei väreilisi onnen aalloissa

(Espanja)

Laitoin maate metsikköön

    linnut lauloivat

    puuvanhus satoi kyyneliä

    aurinko kulki kulkujaan

annoin painoni äitimaan syliin

    pehmeälle sammaleelle

    juurevien juurten lomaan

    mätänevien lehtien

    monenkirjavaan joukkoon

Kuuntelin luonnon keuhkoa

    pehmeätä sointia

        kun maapallo käänsi kylkeään

    uuteen muotoon hakeutuvan

    mullan säveliä

ja minussa

    kaikki maailman mullat

ja niissä siemenet

    valoa kohti kurottavat

(Espanja)

Kulkijana

Uusi kieli
kiehtova murre
  sanojen vivahteet
ja tämä kulttuurien
tapojen kirjo

kuin iso tuuli se koskettaa ihoani
  tuntuu korvanlehdellä
  nenän päässä
  hivelee sormiani
  maistuu huulillani

ja minä kuljen tämän kaiken keskellä
maistelen vieraita makuja

kiehtovia hedelmiä

ruohon tuntua

katselen minulle kummallisia asioita

nauran ja itken

kuuntelen uusia sanoja

koetan ymmärtää

    en ymmärrä

ja jonain hetkenä

sisälläni syttyy kipinä

ja huomaan vieraan

    muuttuneen tutuksi

(Bolivia)

Täällä vuoristotiellä
> mies pysähtyy juttelemaan

hänellä on aikaa
> kullankaivaja
> kolmen lapsen isä
> uutta taloa rakentamassa

kyselee mistä kulkija tulee
> veikkaa kotimaani Afrikkaan

kertoo vuodenkierrosta
> sadekaudesta
> tuulen tulosta
> mihin lumiraja jää

ja paljonko grammasta kultaa
La Pazissa maksetaan

opettaa uusia puita

kertoo nimiä

joita en tunne

    mutta tulen tuntemaan

toivottaa rauhaa

    kättelemme

ja jatkamme kumpikin kulkuamme

(Bolivia)

Soitan huuliharppua

vuoret vaikenevat kuuntelemaan

sisälläni pieni sydän

laulaa laulua

    jossa on aivan uusi sävel

sellainen

jolle ei maailma

    ollut eilen vielä valmis

(Bolivia)

Illan tummuus kietoo minut syleilyynsä

pääni yllä tuhannet tähdet

yksi jokaiselle rakkaalleni

kuin muistuttaen

    emme koskaan ole yksin

(Espanja)

Hämärä laskeutuu

   hiipii leirini liepeillä

on aika sytyttää kynttilä

   valoksi kulkijalle

     ja merkiksi lentotähden laskeutua

(Bolivia)

Yö

    kuuntelen sateen tanssia

    telttani katolla

kuinka yksinkertaista

    on onni

(Bolivia)

Savanni hengittää illan raukeutta
pehmeä valo tanssii puiden latvoissa
sudenkorentojen siivillä
niiden kulkiessa laakson halki

yön verho laskeutuu maahan
peittää alleen päivän
tummuus käsinkosketeltavissa

Ja silloin
tulevat tulikärpäset pienine lyhtyineen
ja hiekka
      hohtaa kultaa
(Brasilia)

Turkoosin värinen kohtu

    annan painoni veden varaan

syvemmälle ja syvemmälle

    itseeni vajoan

virtaus kulkee lävitseni

    herättää virran minussa

    kuljettaa ilman suuntaa

veteen ei jää jälkiä

    mutta minussa

        kaikki on uutta

(Brasilia)

Kuljen näitä polkuja

    koska se on elämän tehtäväni

availen pientä sydäntäni

   jotta rakkaus täyttäisi minut kokonaan

jotta oppisin

että minun ja sinun

    minun ja puun

    kukan

    tähden

    vesimelonin

    ja hiekanjyvän välillä

ei ole eroa

(Bolivia)

Suurenmoinen maailma

ei edes yhden askeleen päässä

vaan meidän kaikkien sydämissä

valmiina kuiskaamaan:

tervetuloa Kotiin!

HILJAISUUS VAIKENEE YMPÄRILLÄNI

Sykkeitä

Jokainen ihminen on syntynyt rakastamaan
jokainen olento on itse kauneus
jokainen nainen ilmentää pyhää äitiä
kukoistavaa jumalatarta
elämän sykkivää voimaa

jokainen tähti
on itse alkuräjäytys
ja jokainen suudelma
yhtä voimakas
kuin maailmankaikkeuden sula ydin

jokainen kukka ja kivi
on ihme suunnaton
jokainen lausuttu sana

kuin runo

jokainen nauru

laulu

ja vierivä kyynel

elämän helmiä

jokainen kohtaamani ihminen

pyhä soturi ja opettajani

jokainen aamu

on riemujuhlaa elämälle

ja jokainen sydämen lyönti

pyhän shamaanirummun kumistus

johon kaikki sielut yhtyvät

ympäri maailmankaikkeutta

(Turkki)

Heräämisiä

Tule

kirmataan

juostaan

tanssitaan auringossa

riisu vaatteesi ja mielesi estot

olet vapaa

paljas ja avoin

kevätaurinko sulattaa kuonan iholta

ja jään sydämestä

anna kaiken valua purona valtamereen

jossa kipusi on vain osa

maailmankaikkeuden tuskaa

huomaatko

olet vapaa

ja yhtä rakas

kuin kaikki tähdet puut ja kukat

sinun olemassaolollasi

on erityinen merkitys

koko olemuksesi säteilee rakkautta

(Turkki)

Olemisia I

Ei
en minä usko
että olisin erillinen ihminen

katso puita ympärilläsi
katso taivaalla kohti aurinkoa lentäviä lintuja
katso aurinkoa
ja anna sen lävistää sinut voimallasi

katso kukkien täyttämää ketoa
ja älä vain katso
näe
   tunne
      tunne se sydämessäsi

ja se mitä tunnet ei ole vain puu

lintu

aurinko tai kukka

se mitä tunnet sydämessäsi

se olet Sinä

ja se mitä tunnet

on koko Maailmankaikkeus

miten voisin uskoa

olevani jotain muuta

(Kazakstan)

Matkoja

Eräänä aivan tavallisena harmaana aamuna

suljin silmäni

ja löysin

            väreilevän maailmankaikkeuden

sisältäni

siellä se oli odottanut minua

ja minä olin tehnyt kaikkeni

etten olisi sitä nähnyt

minä hullu etsin ulkoa

kun kaikki oli sisälläni

koko kosmoksen huuma

kaikki maailman sävyt

ja olemisen kimallus

itse yksinkertaisuus ja rakkaus

mihin minulla oli kiire

kun maailma odotti sydämessäni

mitä minä pelkäsin

kun ykseys ulottui kaikkeen

mitä minä etsin

kun kaikki oli jo minussa

minne minä haikailin

kun tämä hetki

on itse Täyttymys

(Turkki)

Hiljaisuus vaikenee ympärilläni

kuuntelen sanoja

    joita ei ole

sisälläni maailmat

kietoutuvat kirkkaisiin sävyihin

    vaihtavat jatkuvasti muotoa

hengitän

    hengitys tavoittaa tavoittamattoman

    kuulee ei kuultavissa olevan

    näkee näkymättömän

hengitän

    elämän virta soljuu lävitseni

    minä

    soljun elämän virtaan

(Brasilia)

Roihuja

Kirjoitan runoihini rakkauteni

pienen ihmissolun sydämen virtauksen

kipinät

räiskeet ja loimut

ja toivon

että yksi kipinä löytäisi luoksesi

puhaltaisi sydämesi hiillokseen

ja sytyttäisi rakkautesi tuleen

Silloin me kaikki loimuavat sydämet

levittäisimme siipemme

ja yhdessä

valaisisimme rakkautemme roihulla

maailman tummenevan illan

Avaamisia

Herätessäni tiesin sen

tänään minä syntyisin

tänään lähes kolmenkymmenen vuoden jälkeen

kehoni ilmentymisestä tähän maailmaan

minä todella tajuaisin

kuka minä olen

enkä se ole edes minä

vaan se on minuuteni

itseni takana

kuin se hetki

kun tumma verho avautuu teatterin lavan edessä

ja kirkkaat valot

syttyvät näyttämölle

paljastaen esityksen

tänään minä avaan verhoni

ja paljastan todellisen olemukseni

enkä pelkästään maailmalle

vaan ennenkaikkea itselleni

sillä minä olen Totuus

(Kazakstan)

Vaniljamatoja

Ymmärsinkö minä sinua maailma

kun olin pieni

vai etkö sinä kuule minun heleää nauruani

kun sydämeni pirstaloituu sanoiksi

kesken elämän

kiinnipitäminen murentaa äänen

joka lentää vapaana autuudessa

jossa kaikki on kirkasta

ja ykseys

on ainoa tapa hengittää

(Kreikka)

Puu

Jospa kasvattaisinkin jalkojeni sijasta juuret
alkaisin puuksi
imisin makeaa pohjavettä äitimaan syvyyksistä

latvani yltäisi tähtiin
oksillani leikkisivät maailman lapset
jokainen aliravittu saisi lehviltäni
poimia hedelmän

antaisin varjoa sinne missä on liikaa porotusta
ja silloin tällöin pudottaisin yhden oksistani
kymmenhenkisen perheen soppatulen ravinnoksi

Kuinka minä iloitsisinkaan siitä hapesta

jota vehreyteni tuottaisi tähän maailmaan

Kaiken rakkauteni minä antaisin sille kukalle

joka pilkistäisi esiin

mätänevien lehtieni

muuttuessa mullaksi

Ihmisille minä kertoisin tarinoita iso-isistäni

jotka olivat paljon suurempia kuin minä

siihen aikaan kun puiden vielä sallittiin

kasvaa iso-isiksi

siihen aikaan kun ihmiset vielä osasivat

puhua puille

juurellani asuisivat

naavaparrat ja keijunaiset

ja latvassani kukkuisi

elämäniloinen käki

Ja sinä päivänä

kun minut kaadettaisiin

rojahtaisin minä maate täynnä rakkautta

palasistani tehtyjen nuotioiden ympärillä

lämmittelisivät

maailman vähäosaiset

ja henkeni valo

valaisisi iltaisen taivaan

MAAILMASTA TOISEEN MATKAAVAN OMAISILLE

Kun on tullut minun aikani lähteä
    en lähde surulla
    en pelokkaana
    en katkeroituneena
minä lähden ilolla!

soitan viimeisen sinfoniani
    maailman heleimmällä trumbetilla
    kauneimmalla huilulla
    upeimmalla harpulla

tanssin viimeisen tanssini
    syvällä kiitollisuudella
sillä olenhan minä elänyt
    jokaisella solullani
    elämää rakastanut

Kun on aikani taipua tuulen alla
    lakastua ja mädätä pois
antaudun kuin syksyinen lehti
    joka irtoaa puun oksasta
    leijuu maahan täydessä juhla-asussaan
    ja tekee matkallaan
    vielä viimeisen spiraalin

en minä vastusta
    minä virtaan!

Ja ystäväni
    älkää te surko poislähtöäni
    vaan riemuitkaa siitä
    mitä olemme yhdessä saaneet jakaa
tanssikaa tuhkani ympärillä
    laulakaa kauneimmat laulunne
    ja nostakaa värikäs sateenkaarilippu
    korkeimpaan salkoon

sillä ystäväni

yhdessä me olemme tehneet elämästä

    suuremmoisen taideteoksen

    ainutlaatuisen tanssin

ei tämä ole kuolema

tämä on uuteen tilaan siirtyminen

    vapautuminen maailman illuusiosta

    kehon taakasta

tämä on suuri antautumisen

ja kiitollisuuden juhla!

Siis itkekää kyyneleenne

    mutta älkää tehkö surusta

taakkaa

itsellenne

    sillä en minä halua olla teille taakka

muistelkaa muistonne
> mutta älkää tehkö niistä esirippua

joka estää teitä näkemästä

tämän hetken kauneuden

Ja lopuksi muistakaa
> että minä olen luonanne aina

vaikka nyt lähden

pidän teitä kädestä
> kun kuljette polkujanne

halaan teitä
> kun menette iltaisin nukkumaan

Ja tietäkää
> että rakkaudessa

Olemme Aina Yhtä

Rakkaudella

maailmasta toiseen matkaava

♥

*Syvä ja ääretön Kiitos kaikille sieluille ja olennoille,
jotka ovat valaisseet sydäntäni rakkaudellaan
ja joiden sydämiä minä olen saanut koskettaa
rakkauteni liekillä.*

*Yhdessä olemme oppineet,
mitä on Rakkaus.*

♥

InContact Books
www.incontact.es/fi/books/

www.ingramcontent.com/pod-product-compliance
Lightning Source LLC
Chambersburg PA
CBHW071119160426
43196CB00013B/2626